HO'OKAHI HANELI HOLOHOLONA

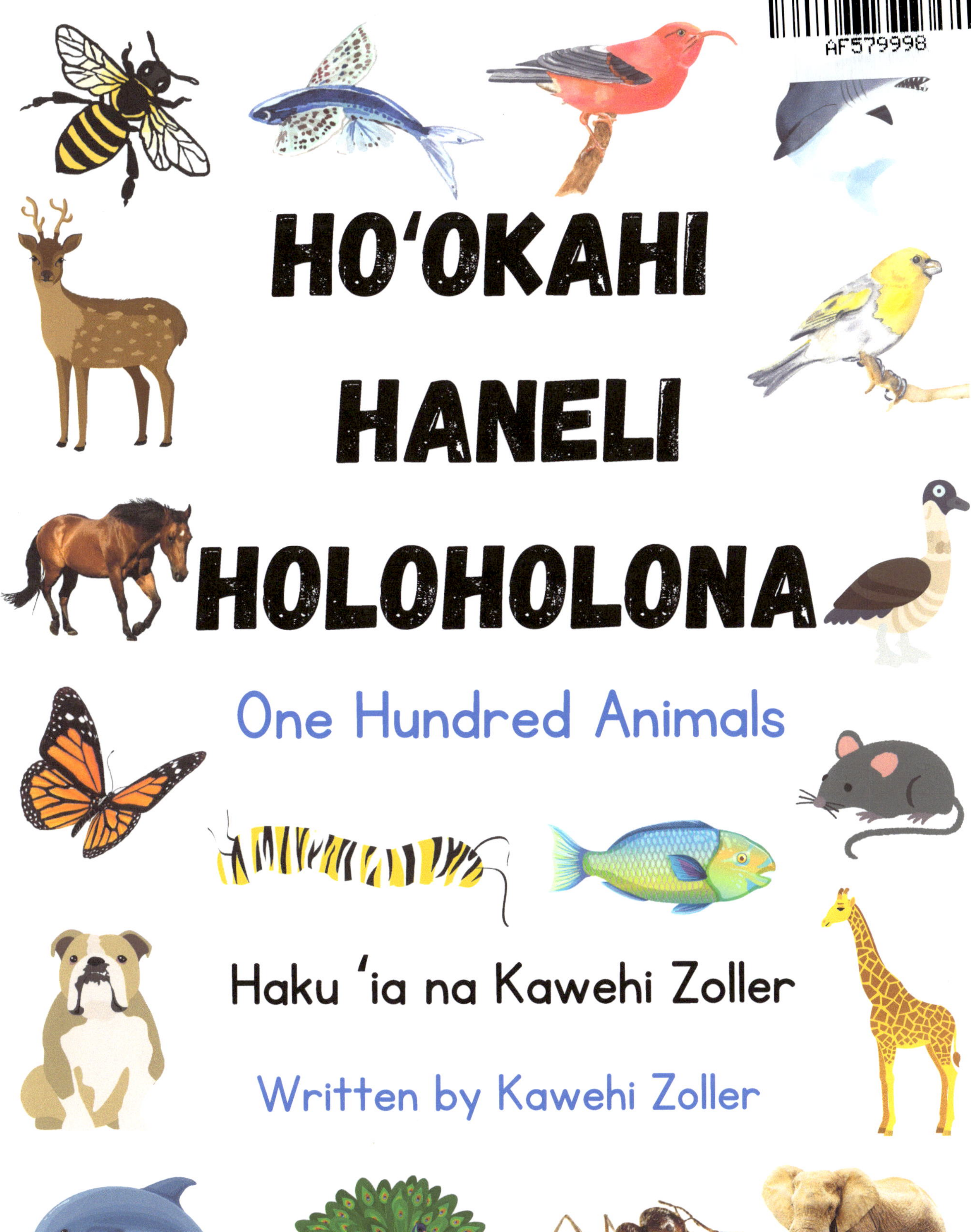

One Hundred Animals

Haku 'ia na Kawehi Zoller

Written by Kawehi Zoller

Ua haku ʻia kēia puke no Keānuenue lāua ʻo Wewehialoha. Aloha kou mommy iā ʻolua❤

This book was made for Keānuenue and Wewehialoha. Your mommy loves you!

ka ʻīlio
dog

ka lapaki
rabbit

nā iʻa
fish

ka manu
bird

ka pōpoki
cat

ka pueo
Hawaiian short eared owl

ka ʻiʻiwi
scarlet Hawaiian honeycreeper

ka palila
Hawaiian honeycreeper

ka ʻelepaio
flycatcher

ka ʻapapane
Hawaiian honeycreeper

ka nēnē
Hawaiian goose

ka ʻio
Hawaiian hawk

ka ʻalalā
Hawaiian crow

ka ʻamakihi
Hawaiian honeycreeper

ka ʻākepa
Hawaiian honeycreeper

ka puaʻa
pig
ke kao
goat
ka pipi
cow
ke kakā
duck
ka hipa
sheep

ka moa wahine

chicken

ke kēkake

donkey

ka lio

horse

ka moa kāne

rooster

ka pelehū

turkey

ka ulua
giant trevally
ke aʻu
marlin
ka ʻahi
tuna
ka manō
shark
ka mahimahi
dolphinfish

ka mālolo
flying fish
ka hīhīmanu
stingray
ke koholā
whale
ka hāhālua
mantaray
ka naiʻa
dolphin

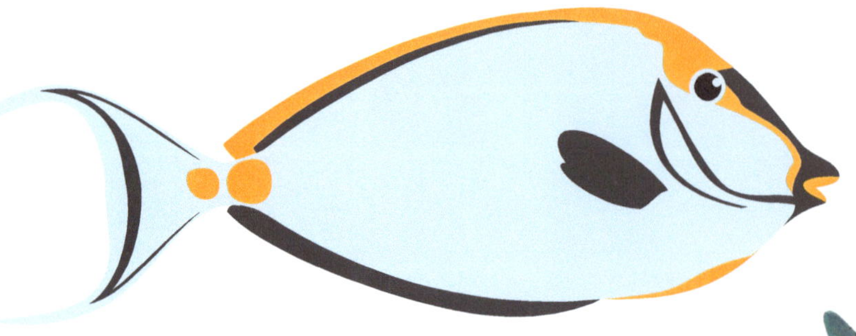

ka umaumalei

orangespine unicornfish

ke kōkala

porcupine fish

ka nūnū

trumpetfish

ke kihihiki

moorish idol

ka ʻūʻū

menpachi

ka manini
convict tang
ka uhu
parrotfish
ka lauʻīpala
tang fish
ke kala
unicornfish
ka ʻāweoweo
bigeye

ka heʻe
octopus

ka honu
turtle

ka mūheʻe
cuttlefish

ka sila
seal

ka pololia
jellyfish

ka ʻōpae
shrimp
ka pāpaʻi
crab
ka ʻula
lobster
ka hōkū kai
starfish
ka puhi
eel

ke kolila
gorilla

ka liona
lion

ka ʻelepani
elephant

ke kika
tiger

ke keko
monkey

ka hipopokamu

hippopotamus

ka ʻokekelika

ostrich

ke kilape

giraffe

ke kepela

zebra

ke kanakalū

kangaroo

ke kāmelo

camel

ka pea Kina

panda

ka ʻalopeke

fox

ke kimepani

chimpanzee

ke kia

deer

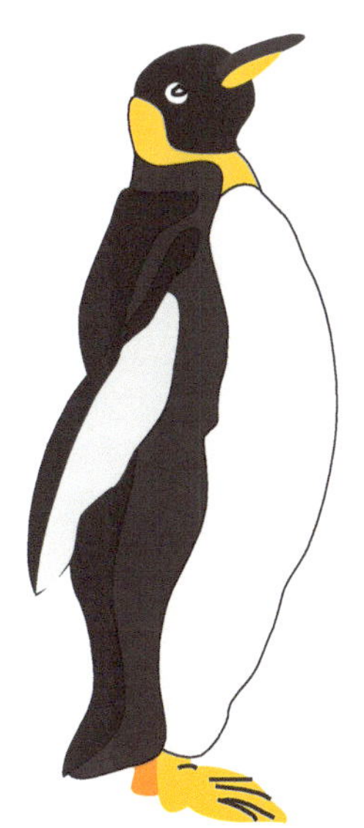

ka ʻalakeka

alligator

ka penekuina

penguin

ka laehaokela

rhinoceros

ka nāhesa

snake

ka pea

bear

ka poloka
frog

ka moʻo
lizard

ka ʻea kua neneke
land tortoise

ke kameleona
chameleon

ka nalala
dinosaur

ka ʻōpeʻapeʻa

bat

ka ʻiole

mouse

ka palamiko

flamingo

ka manakuke

mongoose

ka pīkake

peacock

ka ʻenuhe

caterpillar

ka pulelehua

butterfly

ka pinao

dragonfly

ka ponumomi

ladybug

ka nalomeli

bee

ka naonao

ant

ka ʻūhini

grasshopper

ka ʻōkaʻi

moth

ka moʻo niho ʻawa

scorpion

ke koʻe

worm

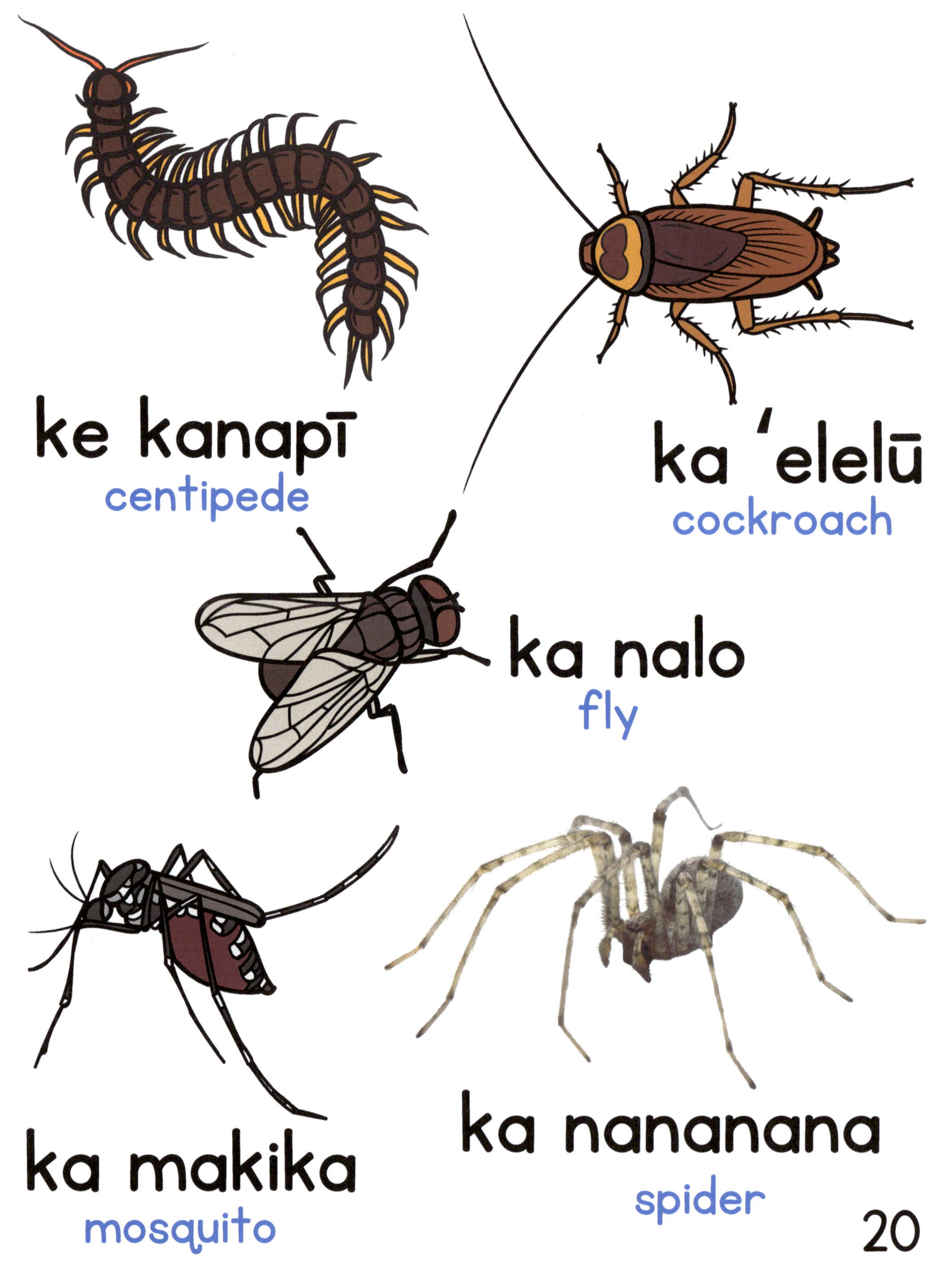

ke kanapī
centipede

ka ʻelelū
cockroach

ka nalo
fly

ka makika
mosquito

ka nananana
spider

He aha kēia mau holoholona?

Can you name all of the animals?

He aha kēia mau holoholona?

Can you name all of the animals?

He aha kēia mau holoholona?

Can you name all of the animals?

He aha kēia mau holoholona?

Can you name all of the animals?

www.ingramcontent.com/pod-product-compliance
Lightning Source LLC
LaVergne TN
LVHW071110160826
845679LV00004B/1033
9798361728688